重庆中国三峡博物馆
重庆博物馆　编

文物出版社

重庆中国三峡博物馆
重庆博物馆

China Three Gorges Museum Chongqing

Chongqing Museum

主　编：　王川平

副主编：　刘豫川

编　委：　万智健　胡　宏　罗世全　代渝华　黄晓东

　　　　　邹后曦　张荣祥　张仁宣　申世放　胡昌健

助　编：　杨小刚　白九江　曾繁模　赵福泉　方　刚

　　　　　朱　俊　李　玲　赵　芸　于小玲　刘　薇

　　　　　陈秀华

目 录

合作研山图 卷 清 罗聘等

CONTENTS

Figurine suckling a child

Pottery house with inscriptions of "巴郡平都蔡君骑马"

Money tree pedestal in a kylin design

Figurine drumming and telling a story

Hsi Wang Mu lamp holder

Cooking figurine

Pottery figurine in tri-colors

5 PAITING

6 STONE RELIF AND TOMB BRICK WITH MOULDED DESIGN

Coffin made of carved stone

Tomb brick with moulded design of harvest scene

Tomb brick with moulded design of driving carts cross the bridge

Tomb brick with moulded design of giving lectures

Tomb brick with moulded design of feasting and dancing

Tomb brick with moulded design of salt field

Tomb brick with moulded design of scene of sexual intercourse

Tomb brick with moulded design of big house

Tomb brick with moulded design of scene of asking for a loan

Tomb brick with moulded design of *Liu Bo* game sence

Tomb brick with moulded design of rice storehouse

Tomb brick with moulded design of scene of slaughtering pigs

Tomb brick with moulded design of wrestling Huns

Stone relif of procession of carts

7 TEXTILE AND EMBROIDERY

Red and yellow embroidered satin dragon robe of Ming Yuzhen

Qin Liangyu's embroidered yellow silk clothing with dragon and phoenix decoration

Qin Liangyu's blue embroidered satin dragon robe

Silk tapestry with cut design of flower and butterfly

Silk tapestry with cut design of flower and bird

Screen with embroidered essay *Qian Chu*

Shi Biao

Blue gauze blouse with horse hoop-shaped sleeves and embroidered dragon

Small bag of red silk tapestry with characters "吉祥如意"（auspicious and satisfaction）

Small bag of green satin with peach and character "寿"

Yellow brocade scent bag

Embroidered figures on shamrock satin

Yellow satin fan and money bag with silk patches and characters "福" and "寿"

Copper figure of buddha

Golden belt

Golden bowl of Ming Yuzhen

Gilded-gold bronze *Ding*

Golden hairpin in cloud design

Silver dish with pheasant, peach blossom and character " 寿 "

Peach-shaped dish with lotus flower and crane decorations

Silver bowl with Eight Horse design

Inkstone of fine clay body in the shape of

twin cats winding up the mat

Duan inkstone of *Xiaoyanshan*

Duan inkston in the shape of lotus leaf

Snuffbottle made by Lu Dong

Carved porcelain snuffbottle

Woodcarving snuffbottle

Coloured glaze snuffbottle

Porcelain snuffbottle

Glass snuffbottle with drawings on the inner wall

Colorfully painted snuffbottle

11 CULTURAL RELICS FROM MODERN CHINA

Document of Qing court to catch Yu Dongcheng who involved in Dazhu Missionary Case

The instruction *Hui Yu* to Li Yonghe and Lan Dashun by Fu Tingyou, the subordinate general of Shi Dakai

Martyr Zou Rong's letter to his parents

Constitution of the Revolutionary Alliance of Sicuan

Tao Man Lu Xi Wen (An official denunciation to the enemy Manchus) by military government of Sicuan

The announcement claiming a ban on pigtail by military government of Sicuan after the 1911 Revolution

Certificate of the European Branch of Chinese Socialist Youth League

Yang Angong's Diary

Martyr Liu Yuan'an's letter of last words

Jiang Jieshi's speech *Gao Ru Mian Jiang Shi Shu* (To officers and soldiers leaving for Burma) prepared by Chen Bulei

Signatures at the founding of the Cultural Working Committee

Manuscript of *Hei Lao Shi Pian* (Poems written in the dark prison) by Martyr Cai Mengwei who was put to death in the Concentration Camp "Sino - American Cooperation Organization"

Martyr Jiang Zhuyun's letter of last words

前 言

◆ 王川平 刘豫川

　　重庆中国三峡博物馆(重庆博物馆)位于重庆市人民广场西侧,占地面积3万平方米,建筑面积4.25万平方米,2005年建成并开放,是目前我国西部规模最大、现代化程度最高的博物馆。

　　重庆中国三峡博物馆是在我国博物馆建设高潮中与一批兄弟博物馆相伴面世的。与众不同的是,举世瞩目的三峡工程文物保护的现实与长远的需要直接催生了这座博物馆。重庆中国三峡博物馆于2000年9月27日由国务院办公厅正式批准命名,这也是在北京以外,以"中国"冠名的第一座大型博物馆。

　　三峡工程是举世瞩目的伟大工程,与之相配套的三峡文物抢救保护也是一项世界关注的工程。三峡是长江最美丽壮观的标志性河段,又是一座瑰丽的文化宝库,自古以来就是中华民族长江文明的重要舞台和文化交流的重要通道。根据国务院三峡建设委员会批准的三峡文物保护规划,三峡工程淹没及迁建区共涉及1087处文物古迹,其中三分之二以上在重庆。重庆中国三峡博物馆将满足三峡可移动文物科学保存和向公众展示的长远需要,并承担三峡物质文化遗产资料档案中心的职责,因而她为深入研究和弘扬三峡乃至长江文明,提供了一个重要的平台。从这个意义上讲,重庆中国三峡博物馆就是中国长江三峡的专题博物馆。

　　重庆中国三峡博物馆的前身为重庆市博物馆,目前她同时还具有重庆博物馆的馆名和功能,这标志着她同时又是

重庆中国三峡博物馆（重庆博物馆）

历史艺术类的综合性博物馆。在邓小平同志的关心下，重庆博物馆始建于1951年3月7日，原名西南博物院。1955年，西南大区撤消，西南博物院交重庆市管理，更名为重庆市博物馆。几十年来，重庆博物馆逐步建立了十余万件文物的收藏，在藏品系列上形成了自己的优势和特色，如巴蜀青铜器、汉代艺术品、宋以来名家书画、历代瓷器、历代竹木牙骨雕刻、历代钱币、西南民族文物等。不仅如此，近代重庆城市特点和地位又决定了重庆博物馆一直着力于近现代历史文物的收藏、研究和展示。在重庆博物馆收藏的上万件近现代历史文物中，涉及到重庆开埠、五四运动在川渝、留法勤工俭学、大革命时期的四川和重庆、中共中央南方局和抗日战争正面战场、解放军挺进西南、重庆的社会主义建设、重庆直辖和近百年城市发展等重要历史环节，成为重庆这座城市完成近代化和走向现代化的物证和记忆。

重庆市博物馆旧址

所以，当您走进重庆中国三峡博物馆（重庆博物馆）时，不仅能看到"壮丽三峡"陈列和"大三峡"全周电影，也会通过"远古巴渝"、"城市之路"和"抗战岁月"等陈列感受城市历史，并欣赏各艺术专题陈列展示的文物精品。这些基本陈列是这座博物馆性质的反映。

收入本图录的，是重庆中国三峡博物馆（重庆博物馆）各系列藏品的代表。我们期望这本图录将加深您对重庆中国三峡博物馆（重庆博物馆）的印象，并成为您在走向未来的路途中的一段有益的记忆。我们的目标是把这座博物馆建成"西部领先、全国一流、世界影响"的博物馆。在走向这一目标的路途上，我们真诚地渴望您热情的目光和援助的双手。

2005年6月

1 [青 铜 器]
BRONZE

　　早在距今四千多年前的新石器时代晚期遗址中就出现了用自然铜锻造的铜器,在相当于夏代的遗址中也发现有青铜器物。商代至春秋战国时期的青铜礼器代表了中国青铜文化的顶峰。汉代以后青铜器的使用范围更广泛,在工艺上注重造型而纹饰趋于简约,巫山出土的雁形尊是这一风格的体现。

　　与中原地区相比,古代巴渝地区进入青铜时代较晚,我馆收藏的商周时期青铜器均来自中原地区。出土于巫山双堰塘遗址的商代四羊尊是目前重庆地区出土的最早的青铜器,具有浓厚的中原文化特征。楚衡应是湖南出土而在抗战时期流入重庆的,由衡和作为砝码的六枚"镮"组成。镮从小到大依倍数递增,其重量与《周礼·考工记》郑注相符,是关于我国古代度量衡制度的重要实物。具有巴蜀特色的青铜器以战国墓葬中大量出现的各式兵器、乐器等为代表,鹿纹戈、银斑手心纹矛、鎏金虎纹剑、錞于等器物,质地精良,装饰精致,体现了巴人在兵器铸造方面的艺术成就。近年出土的战国鸟兽尊,器形优美,器表纹饰繁缛,镶嵌工艺精细,展现了这一时期中原青铜器的风采。

（方　刚）

四羊尊　商

Zun with four sheep designs

口径43、通高41.2厘米　巫山双堰塘遗址出土

觚 商

Gu

口径15.1、高25.3厘米　1951年卫聚贤捐献

鼎　西周
Ding
口径48、通高63.5厘米　1951年雷静如捐献

承托器及豆、夹　战国
Holder, *Dou* and clincher
承托器：口径35、高42厘米　豆：口径14.1、高7.5厘米　涪陵小田溪巴人墓群出土

钫　战国

Fang

口径11、高48厘米　重庆南岸出土

壶 战国

Hu

腹径32.5、高34.5厘米 涪陵小田溪巴人墓群出土

蟠螭纹提梁带盖壶　战国
Hydra-designed *Hu* with a lid and a handle
口径7.5、通高33厘米　云阳李家坝出土

鸟兽尊 战国
Zun with bird and beast designs
长 29、高 29 厘米　涪陵小田溪巴人墓群出土

钲 战国

Zheng

高38.5厘米 涪陵小田溪巴人墓群出土

甬钟　战国

Zhong

高44厘米　涪陵小田溪巴人墓群出土

錞于 戰國
Chunyu
通高 54 厘米　涪陵小田溪巴人墓群出土

盔 战国

Kui

口径 25、深 27 厘米　涪陵小田溪巴人墓群出土

巴蜀文字戈　战国

Ge with inscriptions of Ba and Shu State

长17.5厘米　万州新田公社出土

三角形戈　战国
Triangular *Ge*
长19.6厘米　1951年卫聚贤捐献

鹿纹戈　战国

Ge with deer design

长23.2厘米　涪陵小田溪巴人墓群出土

云纹三角翼戈　战国

Ge with three arrises and cloud designs

长 26 厘米　云阳李家坝出土

银斑手心纹矛　战国

Spear with hand-shaped design and silver decoration

长 21 厘米　云阳李家坝出土

长骹高棱矛　战国

Spear with bulgy arris

长 25 厘米　云阳李家坝出土

矛　战国

Spear

长23.7厘米　云阳李家坝出土

巴蜀兽面纹铤　战国

Yan of Ba and Shu State with animal mask design

长24厘米　1955年刘美亭代友捐献

巴蜀鎏金虎纹剑　战国

Tiger-designed sword of Ba and Shu State gilded with gold

长50.2厘米　冬笋坝出土

巴蜀"王"钺　战国

Yue of Ba and Shu state with inscription " 王 "

长24厘米　冬笋坝出土

巴蜀错银兽首纹铩　战国

Kui of Ba and shu State with animal-headed design inlaid with silver

长19.8厘米　1951年卫聚贤捐献

楚衡　战国
Weight of Chu
长40.8厘米　1951年重庆征集

巴蜀符号圆印章、方印章　战国

Rounded and quadrate seals with emblems of Ba and Shu State

圆印章：直径 3.4 厘米　方印章：长 2.4、宽 2.4 厘米　昭化宝轮院出土

巴蜀错金银犀牛形带钩　战国

Rhinoceros-shaped belt hook of Ba and Shu State inlaid with silver and gold

长22.8厘米　昭化宝轮院出土

雁形尊　西汉
Wild goose-shaped *Zun*
高54.7、长36.2厘米　巫山出土

2 [陶 器]
POTTERY

　　距今约七、八千年前的丰都玉溪遗址下层的陶器，一般以泥片贴塑法成器，羼粗大的红色页岩颗粒，在表面施以绳纹，有的素面陶器施一层红色泥浆，其烧成温度较低，总体上呈现出比较原始的特征。

　　距今五、六千年前的大溪文化的制陶工艺十分发达，多以泥条盘筑法成形，并普遍运用了轮修技术。巫山大溪、人民医院遗址出土的大溪文化陶器以红陶为主，器物多涂鲜红色陶衣，有些因扣烧渗炭形成十分精致的外红内黑陶，盛行各种戳印纹装饰。陶球、纺轮、支座上的戳印纹常常成组出现，与其他纹饰组合成各种精美的图案。彩陶也是大溪文化的重要特征，多为红陶黑彩，典型器物有釜、小口壶、豆、簋、圈足盘、圈足碗、筒形瓶、曲腹杯等。

　　距今约四、五千年前的玉溪坪文化和哨棚嘴文化的陶器装饰工艺比较发达，有压印、拍印的绳纹和菱格纹，也有起加固作用的附加堆纹，还有各种波浪形和折线形划纹等。口部一般施以绳纹形成花边，晚期出现了按压和捏塑的花边，底部一般也施以绳纹。

　　商周时期，重庆地区也进入了青铜时代，其主体为巴人。这一时期的陶器流行圜底、尖底、平底器，尖底杯、尖底盏、花边圜底罐、船形杯等，是颇具地方特色的陶器，其中的尖底杯、花边圜底罐等据研究与巴人的盐业生产活动等密切相关。与此同时，也不乏鬶、盉等具有中原文化特征的陶器，显示了这一地区与中原文化的联系与交流的情况。

　　东汉至六朝时期，重庆地区的墓葬中大量出现陶质明器，多为模塑成形。有乐舞、庖厨、车马、楼阁、家畜等现实生活题材，还有西王母、神鸟等神话题材。其制作既讲究写实，如丰都出土的互敬俑、哺乳俑，又注重艺术的夸张，如击鼓说书俑。

（白九江）

黑陶镂孔高足盘　新石器时代
Hollow out black pottery ware with a high stem
口径25、高12厘米　巫山大溪遗址出土

纺轮　新石器时代
Spinning annulus
直径3.1、厚0.5厘米　奉节老关庙出土

支座　新石器时代
Pedestal
高15厘米　巫山人民医院出土

彩陶罐　新石器时代

Painted pottery jar

口径9.5、高10厘米　巫山人民医院出土

船形杯　商周

Boat-shaped cup

口径11、高6.5厘米　丰都石地坝出土

尖底杯　商周

Cup with pointed bottom

口径 6、高 8 厘米　忠县中坝出土

鬶　商周

Gui

口径 15、高 29 厘米　万州中坝子出土

镂孔器座　商周
Hollow out pedestal
口径 13、底径 18、高 25 厘米　万州苏和坪遗址出土

鬲　商周

Li

口径16、高21.8厘米　云阳出土

花边圜底罐　商周

Jar with flower-designed mouth and round bottom

口径33、高36厘米　忠县中坝出土

舞俑　西汉
Dancing figurine
高 10～15 厘米　巫山麦沱出土

蟾蜍灯　东汉
Lamps in a hoptoad design
高21.5厘米　巫山麦沱出土

陶楼　东汉
Pottery garret
通高70厘米　巫山麦沱出土

釉陶锺　东汉
Glazed pottery *Zhong*
口径16.7、高37厘米　云阳马粪沱出土

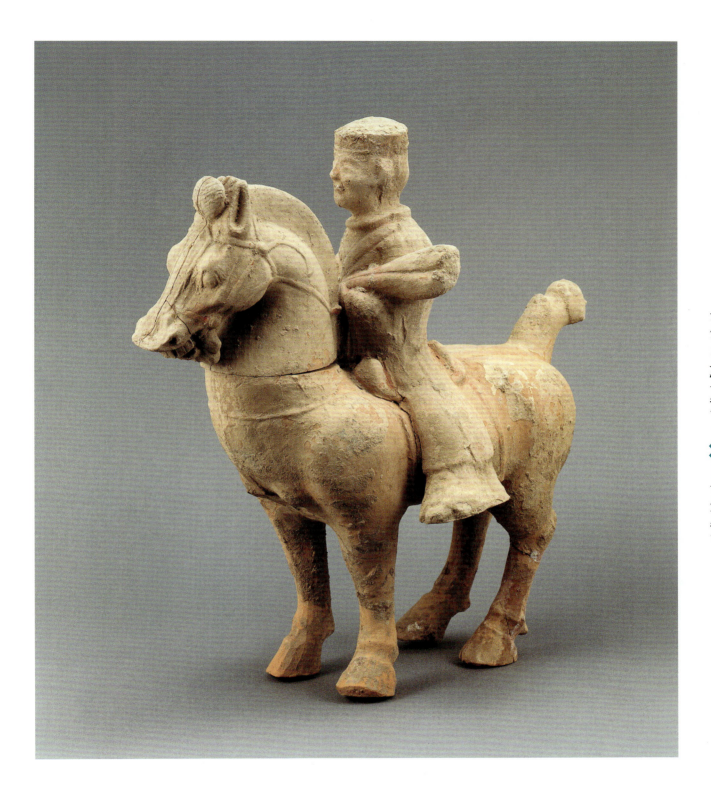

舞俑　东汉
Dancing figurine
高 55 厘米　丰都出土

骑马抱琴俑　东汉
Riding figurine with *Qin* in hand
高 50 厘米　丰都黄桷堡梁子出土

互敬俑　东汉

Figurine of two person greeting to each other

高 22 厘米　丰都李家梁子出土

哺乳俑　东汉

Figurine suckling a child

高 21 厘米　丰都汇南出土

"巴郡平都蔡君骑马" 陶马　东汉
Pottery house with inscriptions of
"巴郡平都蔡君骑马"
高66厘米　丰都镇江观石滩槽房沟出土

麒麟摇钱树座　东汉
Money tree pedestal in a kylin design
高31、长27厘米　开县江华村出土

击鼓说书俑　东汉
Figurine drumming and telling a story
高51.6厘米　成都羊子山出土

西王母灯座　东汉
Hsi Wang Mu lamp holder
高32.6厘米　绵阳新皂乡出土

女厨俑　东汉
Cooking figurine
高 45 厘米　江北出土

三彩釉陶俑　宋
Pottery figurine in tri-colors
高 12.4～27.5 厘米　奉节出土

3 [瓷　　器]
PORCELAIN

　　早在商代就出现了原始青瓷。汉代出现了成熟的青瓷，这一时期的青釉六系罐釉色温润晶莹，器形质朴，为代表性器物。

　　魏晋南北朝时期南方青瓷以崭新的面貌深入到人们生活的各个方面。青釉鸡首壶肩部一面塑生动的鸡首，对称面置一弧形龙柄，造型精美。

　　唐代制瓷业蓬勃发展，形成了"南青北白"两大特色，唐人用"千峰翠色"来形容越窑瓷的釉色之美，用"似玉"、"类冰"来形容越窑瓷胎质精细，青釉唾壶就是这一时期越窑的产品。

　　宋代瓷窑遍及南北各地，名窑辈出，瓷制品质地精美，釉色各有千秋。粉青釉双耳广口瓶、青釉匜、粉青釉双凤耳瓶都是宋代龙泉窑的典型作品。影青釉缠枝牡丹纹瓶，器身饰两婴穿戏在缠枝牡丹中，施青白釉，釉有浓淡之分，一深一浅，相映成趣，纹样布局严谨，是宋代景德镇湖田窑佳品。

　　元代在景德镇设立了"浮梁瓷局"，集中了大批优秀工匠，使制瓷业提高到一个崭新的水平，并以青花、釉里红瓷和卵白釉"枢府"瓷驰名天下，从而确立了景德镇"瓷都"的地位，影青釉"枢府"凸花碗和影青釉瓜形龙柄壶都是此期的典型器物。

　　明清两代制瓷业空前辉煌，釉下彩、釉上彩和各种颜色釉器取代了青瓷和白瓷的地位，瓷器装饰艺术丰富多彩。明代洪武釉里红缠枝花碗，器形规整，碗内外壁绘釉里红缠枝花纹，布局繁密，釉色明快。乾隆款珐琅彩瓷觚，纹饰丰富，色泽艳丽，是名贵的宫廷器物。

（申世放）

青釉六系罐　东汉

Green-glazed jar with six handles

口径15、高29.6厘米　重庆南岸上新街出土

青釉双系盘口壶　东晋
Green-glazed pot with dish-shaped mouth and double handles
口径10.5、高16.5厘米　南京博物院调拨

青釉鸡首壶　六朝
Green-glazed chicken-headed pot
口径12.8、高34.8厘米　1953年成都征集

黑釉五联罐　六朝
Black-glazed five-mouthed jar
口径12.5、高19厘米　巫山新城出土

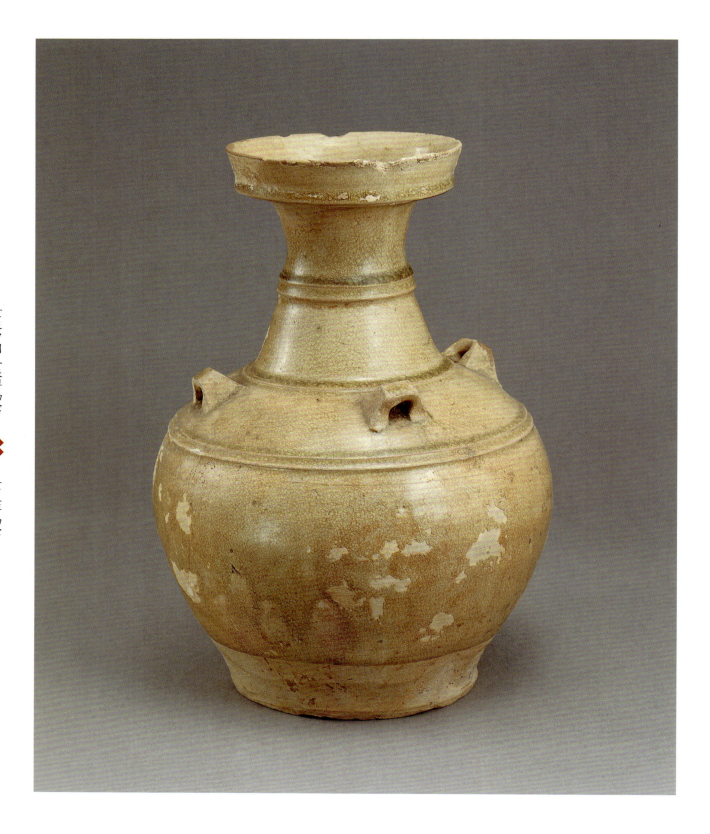

青釉四系盘口壶　六朝
Green-glazed pot with dish-shaped mouth and four handles
口径11.6、高27.5厘米　昭化宝轮院出土

青釉武吏俑、文吏俑　唐
Green-glazed figurines of military and civilian officer
武吏俑：高28厘米　文吏俑：高26厘米　万州冉仁才墓出土

青釉唾壶　唐
Green-glazed spittoon
口径16.5、高11厘米　奉节上关出土

粉青釉龙泉窑双耳广口瓶　宋

Bottle with a wide mouth and double handles from Longquan kilns

口径11.3、高18厘米　1960年重庆征集

白釉定窑带盖执壶　宋

White-glazed lidded ewer from Ding Kilns

口径5、高20.1厘米　李初梨捐献

青釉耀州窑刻花盘　宋

Green-glazed dish with carved decoration from Yaozhou Kilns

口径18.2、高3.8厘米　1951年西南文教部拨交

青釉匜　南宋
Green-glazed *Yi*
口径16.6、高6厘米　忠县中坝出土

影青釉缠枝牡丹纹瓶　南宋
Vase with peony decoration
口径5.5、高30厘米　开县温家镇出土

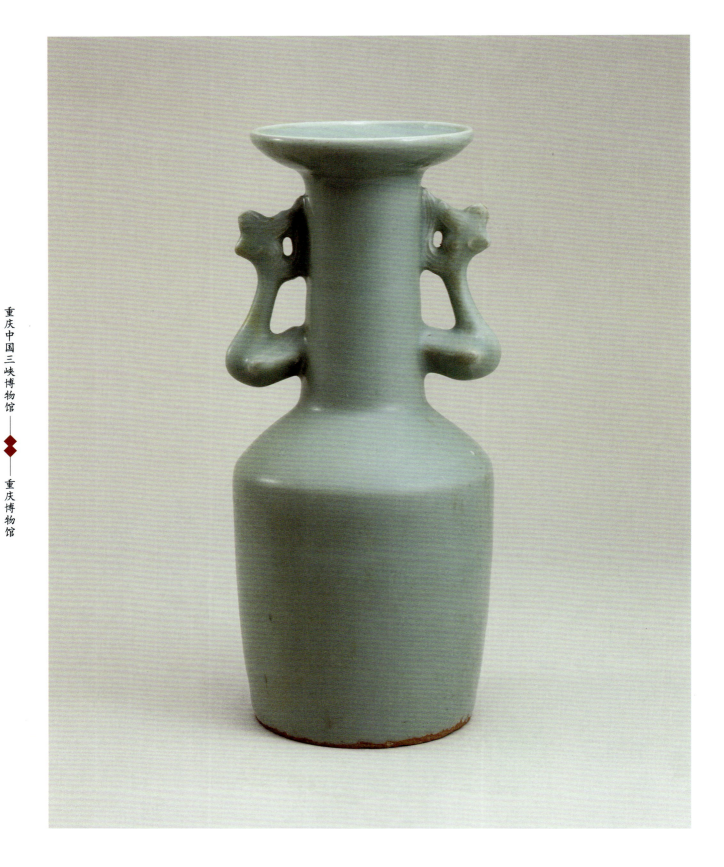

粉青釉双凤耳瓶　南宋

Bottle with double phoenix-shaped handles

口径9、高25厘米　开县温家镇出土

影青釉云纹蕉叶纹瓶　元
Bottle with cloud and palm design
口径8.5、高24.5厘米　广汉西外乡出土

影青釉"枢府"凸花碗　元

Bowl with molded decoration and characters "枢府"

口径 12.3、高 4.8 厘米　1958 年汪云松捐献

影青釉瓜形龙柄壶　元
Melon-shaped ewer with dragon handle
底径6.8、高12.2厘米　重庆化龙桥出土

洪武釉里红缠枝花碗　明
Bowl with flower decoration
口径 20.3、高 10.1 厘米　申彦丞捐献

白釉德化窑何朝宗观音像　明
White-glazed porcelain figure of Avalokitesvara made
by He Chaozong of Dehua Kiln
高 19.1 厘米　重庆市文化局拨交

青釉龙泉窑莲瓣折枝花盘　明

Green-glazed dish with locus and flower decoration of Longquan Kiln

口径42.2、高6.7厘米　1951年成都征集

青釉龙泉窑牡丹纹碗　明

Green-glazed bowl with peony design of Longquan Kiln

口径31.1、高13.9厘米　1960年重庆征集

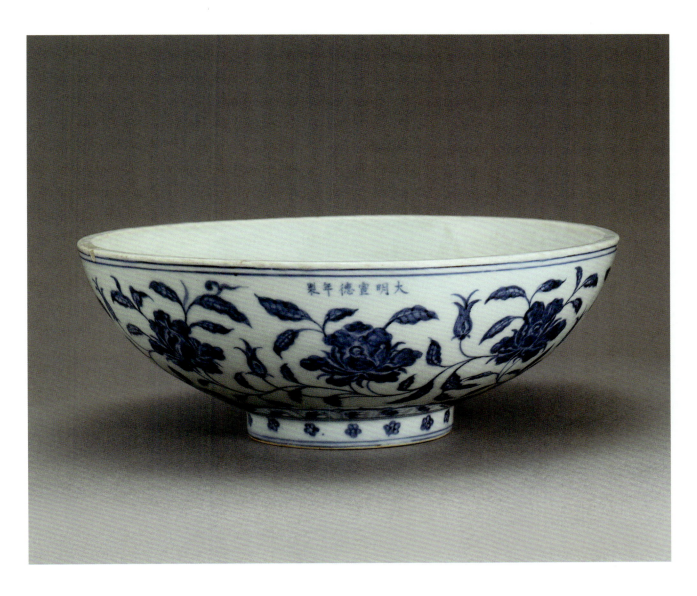

宣德款青花缠枝牡丹花碗　明
Bowl with peony design and Xuande reign mark
口径26.4、高9.7厘米　李初梨捐献

雍正款仿官窑五孔瓶　清
Yongzheng reign mark five-mouthed bottle
口径7.2、高25厘米　1957年故宫博物院调拨

乾隆款绿彩八宝云龙纹盖罐　清

Qianlong reign mark lipped bottle with green decoration of eight auspicious
emblems, cloud and dragon

口径6.7、高21厘米　1957年故宫博物院调拨

乾隆款青花梵文勾莲纹高足碗　清
Qianlong reign mark blue and white porcelain high-footed
bowl with Sanskrit characters and locus designs
口径14.6、高13.5厘米　1957年故宫博物院调拨

乾隆款珐琅彩觚　清
Qianlong reign mark *Gu* painted in enamels
口径15.6、高27.8厘米　李初梨捐献

4 [书 法]
HANDWRITING

　　隶书是秦汉时期最主要的书体，新近出土的东汉熹平二年巴郡胸忍令景云碑，字体方正中又不乏圆润，透露出汉隶的典雅。

　　晋代书法艺术是中国书法史上的高峰，重庆万州老棺丘出土的魏晋时期"俾"字象棋子，其写法已基本脱离了汉隶笔意，具备了楷书面貌(见"其他"类)。晋隆安三年《枳杨府君碑》，书体在隶、正之间，世称"隶正书"，是中国书法史上由隶书向正书转型时期的见证物，康有为云："吾爱古碑，莫如……《爨宝子》、《枳杨府君》……以其由隶变楷，足考源流也"，"丰厚茂密，在文质之间"，"如安车入朝，不尚驰骤"。

　　唐代书法继承、发展了南北朝书法的成就，又由于唐太宗的提倡，书风大盛。唐代敦煌僧人的写经既是珍贵的文物，又是后世学子学书的范本。

　　宋代书法成就较之绘画稍逊色。因宋太宗的提倡，"帖学"在宋代盛行。我馆收藏的《韩琦墓志》展现了宋人学唐书的风貌，是北宋时的拓本，极为珍贵。

　　明代书法受"帖学"和"馆阁体"的影响，书家的成就不如晋、唐，但他们都从前人的书法宝库中吸取营养，祝允明、文徵明、王宠、陈淳、徐渭、董其昌都是明后期的书坛大家。

　　清代是中国书法史上的中兴时期。清早期，"帖学"、"馆阁体"的桎梏限制了书法艺术的发展。嘉、道间"碑学"大盛，书家游艺于金文、秦汉石刻、六朝墓志、唐人碑版之中。清后期，因包世臣、康有为"尊碑抑帖"的大力提倡，"碑学"影响至今。傅山、梁同书、邓石如、伊秉绶等是清代书坛的代表。龚有融是巴县人，是重庆地方著名的书画家。

（胡昌健）

巴郡胸忍令景云碑　东汉

Ba Jun Qu Ren Lin Jing Yu Bei (Stele of Jing Yun, the county magistrate of Qu Ren, Ba County)

高 230 厘米　云阳旧县坪遗址出土

妙法蓮華經觀世音菩薩普門品第二十五

爾時無盡意菩薩即從座起偏袒右肩合掌
向佛而作是言世尊觀世音菩薩以何因緣
名觀世音佛告無盡意菩薩善男子若有
無量百千萬億眾生受諸苦惱聞是觀世音菩
薩一心稱名觀世音菩薩即時觀其音聲皆
得解脫若有持是觀世音菩薩名者設入大
火火不能燒由是菩薩威神力故若為大水
所漂稱其名號即得淺處若有百千萬億眾
生為求金銀琉璃車璩馬瑙珊瑚琥珀真珠
等寶入於大海假使黑風吹其船舫漂墮羅
剎鬼國其中若有乃至一人稱觀世音菩薩
名者是諸人等皆得解脫羅剎之難以是
因緣名觀世音若復有人臨當被害稱觀世
音菩薩名者彼所執刀杖尋段段壞而得解脫
若三千大千國土滿中夜叉羅剎欲來惱人
聞其稱觀世音菩薩名者是諸惡鬼尚不能
以惡眼視之況復加害設復有人若有罪若
無罪杻械枷鎖檢繫其身稱觀世音菩薩名
者皆悉斷壞即得解脫若三千大千國土滿
中怨賊有一商主將諸商人齎持重寶經過
險路其中一人作是唱言諸善男子勿得恐
怖汝等應當一心稱觀世音菩薩...

敦煌《妙法莲华经》卷（节选）　唐
Book of *Miao Fa Lian Hua Jing* from Dunhuang
纵26、横822厘米　1950年王缵绪捐献

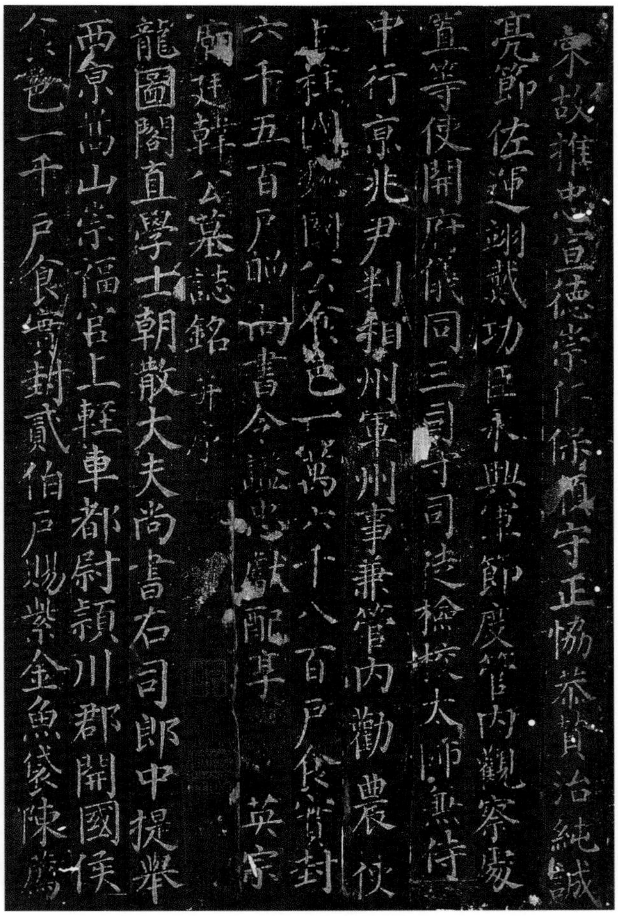

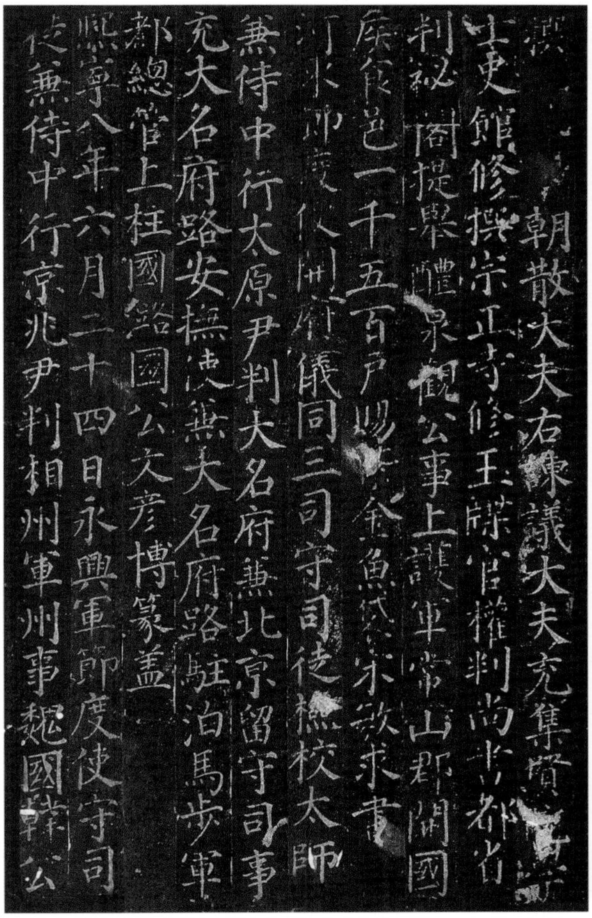

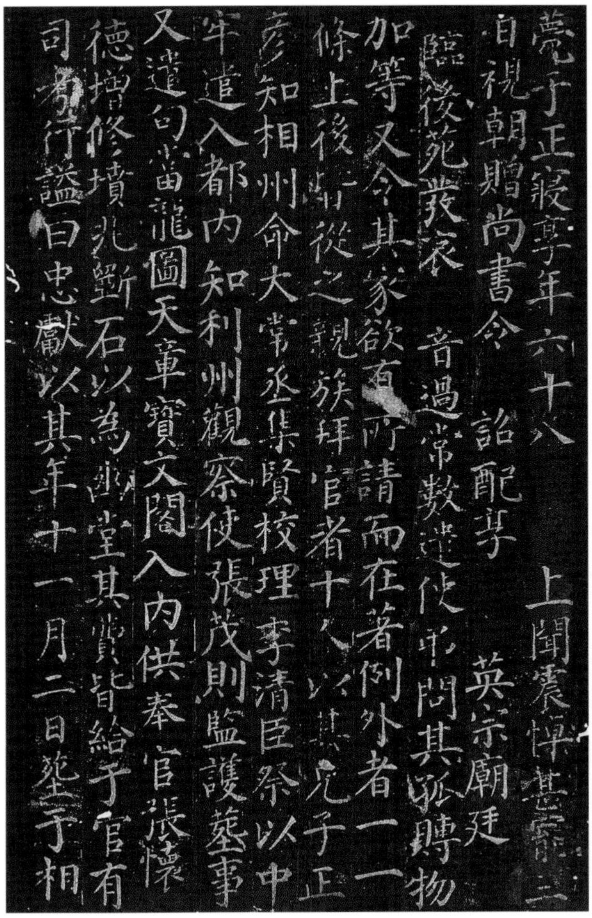

北宋《韩琦墓志》拓本（节选）

Book of rubbings of *Han Qi Mu Zhi*

纵 33、横 22 厘米　1950 年王缵绪捐献

宋拓。韩琦（1008～1075 年），字雉圭，相州安阳（今属河南）人。北宋政治家。经英宗至神宗，执政三朝。反对王安石变法，与司马光等为保守派首脑。

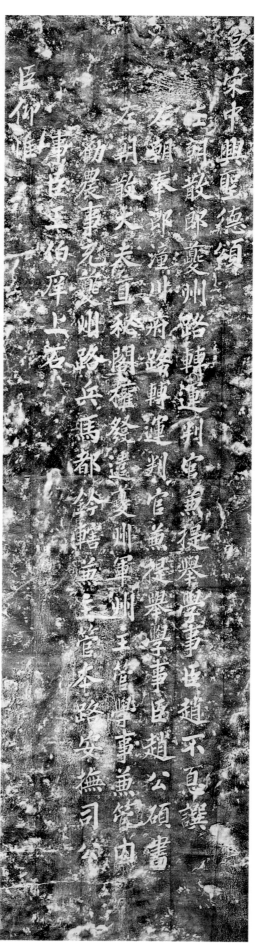

南宋夔门《皇宋中兴圣德颂摩崖》拓本（节选）

Book of rubbings of inscriptions on the cliff at Kuimen

Huang Song Zhong Xing Sheng De Song

纵410、横720厘米
1982年成都征集
清代晚期拓本。夔门粉壁崖摩崖石刻，乾道七年（1171年）刻，赵不忘撰文，赵公硕书。因修建三峡水库切割至重庆博物馆保存。

行书诗 轴 明 张瑞图

Poem in semi-cursive script by Zhang Ruitu

绢本 纵137、横43厘米 1982年李初梨捐献

张瑞图（？～1644年），字长公，号二水，福建晋江人。工书画。

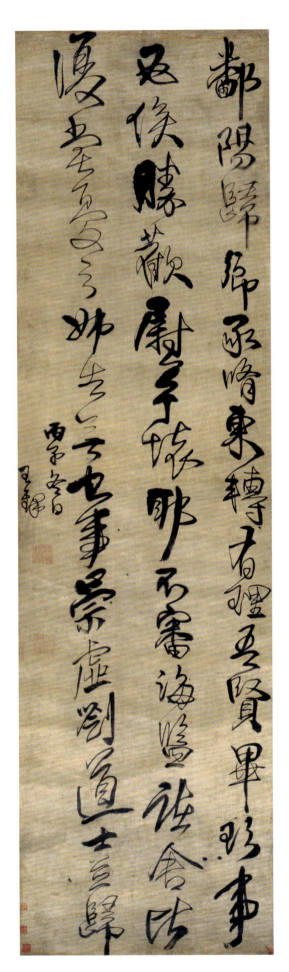

行书 轴 明 王铎

Semi-cursive script by Wang Duo

绫本 纵203、横55厘米 1950年王缵绪捐献

王铎（1592~1652年），字觉斯，号十樵，河南孟津人。工诗书、山水。

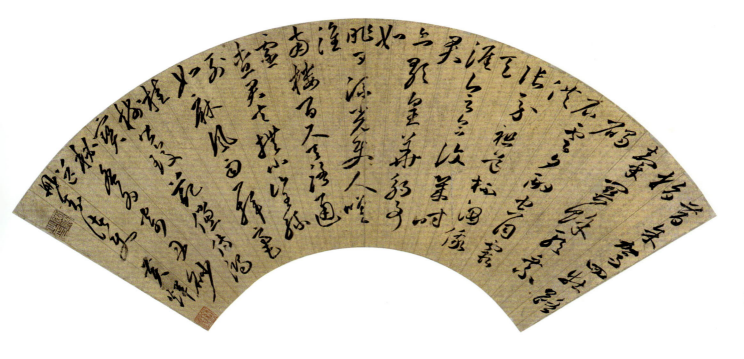

草书诗 扇面 明 黄辉

Poem in cursive script by Huang Hui

纸本 纵18、横56厘米 1951年申彦丞捐献

黄辉（1559年～？），字昭素，号平倩，四川南充人。工诗书。

绫本　纵187、横52厘米　1950年王缵绪捐献

草书诗　轴　清　傅山

Poem in cursive hand by Fu Shan

绫本　纵187、横52厘米　1950年王缵绪捐献
傅山（1605～1690年），字青主，号朱衣道人，山西阳曲人。工诗书画。

重庆中国三峡博物馆——重庆博物馆

行书七言联　清　龚有融

Couplet of seven characters in semi-cursive script by Gong Yourong

纸本　纵211、横38厘米　1958年汪云松捐献
龚有融（1755～1831年），字晴皋，号绥樵，四
川巴县人。山西崞县知县。善山水。

5 [绘　　　　画]
PAINTING

　　我馆藏有大量绘画作品，包括"松江画派"、"浙派"、"吴派"、"四王"、"四僧"、"金陵八家"、"扬州画派"、"海派"、重庆地方画家龚晴皋及现代绘画大师齐白石、张大千的作品。

　　两宋时期，由于宫廷贵族和士大夫对绘画的爱好，院画及文人画获得很大发展。在"南宋院画册"中，我们可以看到南宋名画家马麟、林椿、韩祐、许迪、李瑛、陈居中、李从训的精美作品。贯休是前蜀著名高僧、诗人、画家，《摹贯休罗汉图》是北宋佚名画家的摹本，而贯休的《十六罗汉图》在宋代已流于日本。

　　元代没有宫廷画院，原南宋宫廷画家们流散在江南，传播着画院作风，《仙山楼阁图》就是原南宋宫廷画家的作品。

　　明代画坛以文人画为主流。明初，画坛受"南宋四家"影响，并形成了宫廷画家的"院体画"和以戴进为首的"浙派"两大流派。苏州地区的沈周、文徵明、唐寅、仇英继承宋元文人画传统，形成"吴派"。我们可以从《米氏云山图》中看到戴进的绘画风格，可以从《摹韩熙载夜宴图》中看到唐寅的绘画技巧。

　　清廷不甚重视院画，而文人画在明代的基础上，于山水、人物、花鸟方面都取得了显著的成绩，并开创了中国近代画风。清代是画坛大师辈出的时代，"四僧"中的朱耷、石涛，"金陵八家"之一的龚贤，"四王"中的王原祁、王鉴，"扬州八怪"中的李鱓、罗聘等人的作品，让我们看到了大家的风范。

（胡昌健）

112

摹贯休罗汉图 轴　北宋　佚名
Facsimile of Guan Xiu's Portrait of arhat

绢本　纵111、横51厘米　1951年征集
贯休，五代时期高僧、画家、诗人，作有
《十六罗汉图》。此图为北宋画家摹本，曾
经南宋、元宫廷收藏。

荷花图（院画册之一）　南宋　马麟

Water lily by Ma Lin ,Book of drawings from the Royal Academy of Art I

绢本　纵11.3、横20.6厘米　1950年王缵绪捐献

马麟，山西永济人，马远之子，宁宗朝（1194～1224年）画院祗候。善山水、人物、花鸟。

绿茵牧马图（院画册之二）　南宋　马麟

Feeding Horses on the grassland by Ma Lin ,Book of drawings from the Royal Academy of Art II

绢本　纵12、横24.7厘米　1950年王缵绪捐献

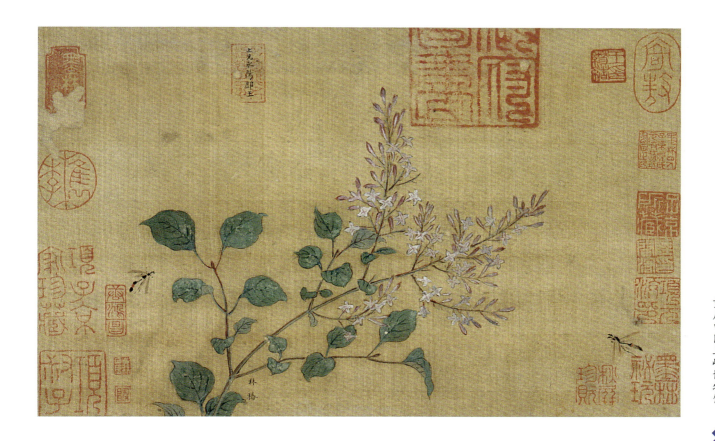

花卉图（院画册之三）　南宋　林椿

Flower by Lin Chun ,Book of drawings from the Royal
Academy of Art III

绢本　纵13、横21.5厘米　1950年王缵绪捐献

林椿，杭州人。淳熙间（1174～1189年）画院待诏。工花
卉、翎毛、瓜果。

琼花真珠鸡图（院画册之四）　南宋　韩祐

Qiong Hua Zhen Zhu Ji by Han You ,Book of draw-
ings from the Royal Academy of Art IV

绢本　纵13、横25厘米　1950年王缵绪捐献

韩祐，江西石城人。绍兴间（1131～1162年）画院祗候。花
鸟草虫师林椿。

葵花狮猫图（院画册之五）　南宋　许迪
Sun flower and Cat by Xu Di, Book of drawings from the Royal Academy of Art V
绢本　纵12.8、横26.5厘米　1950年王缵绪捐献
许迪，江苏常州人，工花卉草虫。

清风摇玉珮图（院画册之六）　南宋　李瑛
Jade adornments ringing in the wind by Li Ying,Book of drawings from the Royal Academy of Art VI
绢本　纵12.4、横26.7厘米　1950年王缵绪捐献
李瑛，绍兴间（1131~1162年）画院待诏，善花卉、禽兽。

禽鸟图（院画册之七）　南宋　陈居中
Birds by Chen Juzhong,Book of drawings from the
Royal Academy of Art VII
绢本　纵 12.3、横 27.5 厘米　1950 年王缵绪捐献
陈居中，嘉泰间（1201～1204 年）画院待诏，工人物、禽
鸟。

花卉蝴蝶图（院画册之八）　南宋　李从训
Flower and butterfly by Li Congxun,Book of draw-
ings from the Royal Academy of Art VIII
绢本　纵 11.7、横 23.7 厘米　1950 年王缵绪捐献
李从训，杭州人。宣和间（1119～1125 年）画院待诏，工
人物、花鸟。

仙山楼阁图 扇面 元 佚名

Mountain and tower of the immortals

绢本 径27.5厘米 1950年王缵绪捐献

清風高節

束吳夏泉仲昭筆

清风高节图 轴 明 夏昶
Morally lofty and upright by Xia Chang

绢本 纵158、横81厘米
1982年李初梨捐献
夏昶（1388~1470年），字仲昭，江苏昆山人。善画竹，时谚云"夏卿一枝竹，西凉十锭金"。

米氏云山图 轴 明 戴进

Mountain amid clouds of *Mi Shi* by Dai Jin

绢本 纵137、横76厘米 1982年李初梨捐献

戴进（1388～1462年），字文进，号静庵，杭州人。明代画坛"浙派"领袖。

黄鹤楼图 轴 明 谢时臣

The tower of yellow crane by Xie Shichen

绢本　纵205、横93厘米　1982年李初梨捐献

谢时臣（1488年～？），字思忠，苏州人。"吴门画派"画家。

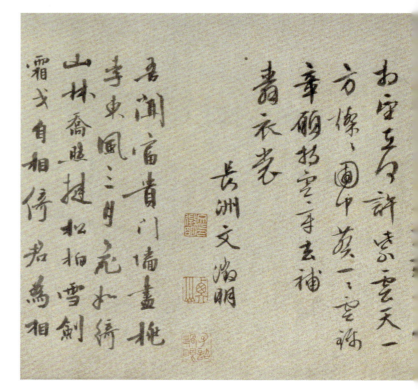

葵阳图 卷 明 文徵明

Sun and sun flowers by Wen Zhengming

纸本 纵27、横98厘米 1961年申彦丞捐献

文徵明（1470～1559年），名壁，字徵明，以字行，吴县人。"明四家"之一。

此卷在清人孔广铺《岳雪楼藏画录》中有记载。

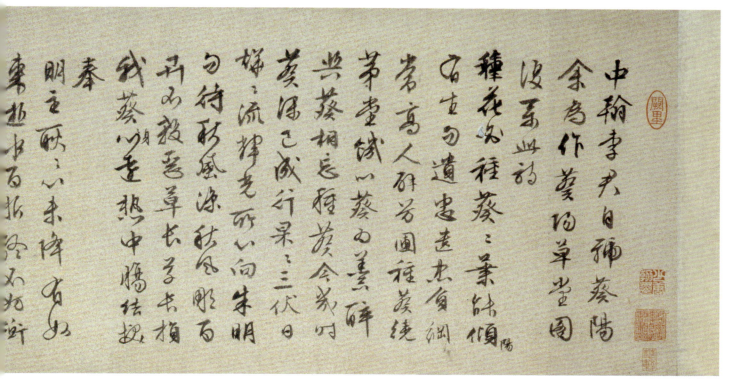

摹韩熙载夜宴图 卷 明 唐寅

Facsimile of Han Xizai's Night Feasting by Tang Yin

绢本 纵 31、横 548 厘米 1951 年征集

唐寅（1470～1523 年），字伯虎，号六如居士，苏州人。"明四家"之一。《韩熙载夜宴图》是五代时期顾闳中的作品，此卷为唐寅的摹本并有所改编。

桃花源图 轴 明 杨忠

Village amid peach flowers by Yang Zhong

绢本 纵172、横106厘米 1954年重庆市文化局拨交

杨忠，"浙派"画家，生平不详。

曳杖逍遥图 轴 明 曹羲

Wandering with a stick in hand by Cao Xi

绢本 纵219、横96厘米 1951年西南文教部拨交

曹羲(一作曦)，万历、崇祯间人，号罗浮，苏州人。善山水、人物。

停舟对话图 轴 明 陈洪绶

Halting the boat for a chatting by Chen Hongshou

绢本 纵120、横96厘米 1982年李初梨捐献

陈洪绶（1598～1652年），字章侯，号老莲，浙江诸暨人。善山水，尤工人物，与崔子忠
齐名，号"南陈北崔"。

黄山松谷图 轴 清 梅清

Pines and valley at the Yellow Mountain by Mei Qing

绫本 纵 186、横 60 厘米 1982 年李初梨捐献

梅清（1623～1697年），字渊公，号瞿山，安徽宣城人。善山水，尤
爱黄山胜景。

文潞公园图 轴 清
禹之鼎
Garden of Wen Lu Gong's
house by Yu Zhiding
绢本 纵163、横52厘米
1982年李初梨捐献
禹之鼎（1647年~？），字上
吉，扬州人。宫廷画家，善山
水。

疏林远岫图 轴 清 蓝瑛
Grove and mountain by
Lan Ying
绢本 纵174、横47厘米
1950年王缵绪捐献
蓝瑛（1585年~？），字田叔，
杭州人。"浙派"画家。

层崖石屋图 轴 清 蔡嘉
Cliff and Stone house by
Cai Jia
绢本 纵104、横53厘米
1951年征集
蔡嘉（乾隆间人），字松原，江
苏丹阳人，居扬州，为"扬州
画派"画家。

翠嶂飞泉图 轴 清 龚贤
Green mountain and flowing by
Gong Xian
绢本 纵191、横89厘米 1982年李
初梨捐献
龚贤（1599～1689年），字半千，江苏
昆山人。"金陵八家"之一。

松柏榴莲图 轴 清
石涛

Pine and Durio
zibethinus by Shi
Tao

纸本 纵84、横47厘
米 1954年重庆市文
化局拨交

石涛（1630年~？），姓
朱，名若极，明亡后更
名原济，字石涛，南昌
王后裔。清初"四僧"之
一。

水村山色图 轴 清 王原祁
Village by the water and mountain
by Wang Yuanqi
绢本 纵101、横46厘米 1982年李初梨捐献
王原祁（1642～1715年），字茂京，号麓台，江苏太仓人。清初"四王"之一。

烟浮远岫图 轴 清
 王鉴
Mountains in the
clouds by Wang
Jian
绢本 纵114、横63厘
米 1951年王渭茗捐
献
王鉴（1598～1677年），
字元照，江苏太仓人。
清初"四王"之一。

荷花鹭鸶图 轴 清 朱耷
Water Lilly and egrets by
Zhu Da
纸本 纵135、横69 厘米
1955 年重庆市文化局拨交
朱耷（1626～1705 年），号八
大山人，南昌人。明宁王朱权
后裔。明亡，出家为僧。作品
所书"八大山人"款，似"哭
之笑之"，别有意在其间。

秋葵鸡黍图 轴 清 李鱓

Sun flower and chickens in the
autumn by Li Shan

纸本 纵141、横67厘米 1950年
王缵绪捐献

李鱓（1686～1762年），字宗扬，号
复堂，江苏兴化人。曾为宫廷画家，后
居扬州，为"扬州画派"画家。

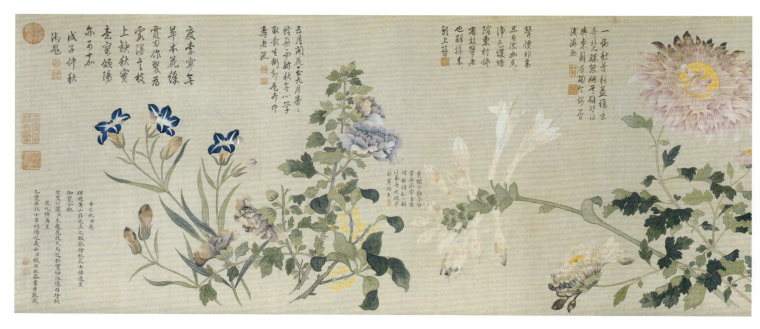

九秋图 卷 清 钱维城

Deep autumn by Qian Weicheng

纸本 纵39、横182厘米 1954年征集

钱维城（1720～1772年），字宗磐，江苏武进人。乾隆十年状元，供奉内廷，为画苑领袖。

午桥庄上千竿竹绿
墅堂中白昼春

玉中三兄世壵先生

令湘弟罗聘画

午桥庄图 轴 清 罗聘
Wuqiao village by Luo Pin
绢本 纵 103、横 53 厘米
1982 年李初梨捐献
罗聘（1733～1799 年），字遯
夫，号两峰，扬州人，为"扬
州画派"画家。

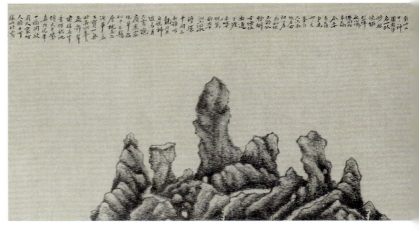

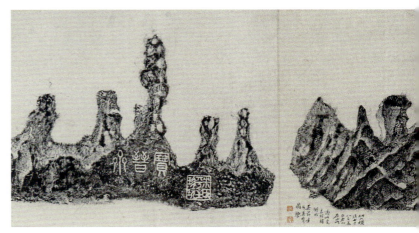

合作研山图 卷 清 罗聘等

Co-working on the hill of inkstones by Luo Pin and others

纸本 纵26、横160厘米 1950年王缵绪捐献

此卷有宋代米芾"研山"的拓本，有清代翁方纲对米芾"研山"流传经过的考证文字，《合作研山图》乃著名画家罗聘与朱本、朱苍崖、罗允缵、陈嵩合作，此卷既有艺术价值又有史料价值，与故宫博物院藏米芾《研山铭》交相辉映。

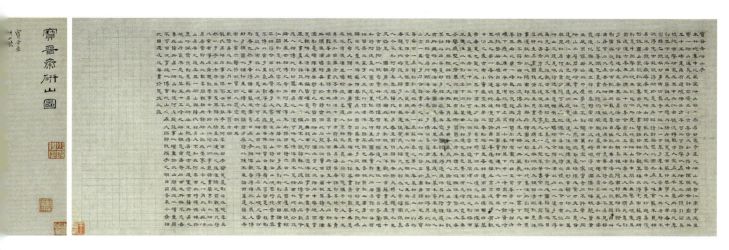

寶晉齋研山圖

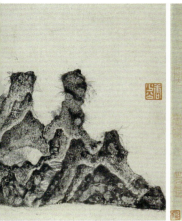

6 [画像石、画像砖]

STONE RELIF AND TOMB BRICK WITH MOULDED DESIGN

重庆中国三峡博物馆 — 重庆博物馆

　　汉代画像石和画像砖，是当时墓室或葬具的功能性装饰艺术品，既可反映汉人的习俗信仰，又可反映汉代的现实生产生活。

　　巴蜀地区画像石与画像砖的流行时间是东汉中晚期，比河南、山东等地要晚一点。其题材主要有乐舞、杂技、宴饮、车马出行、门阙、宅第、亭楼、神灵、仙界等。我馆收藏的收获、盐场、甲第、乞贷、讲学、秘戏等画像砖均为反映现实生产生活的代表作。重庆九龙坡陶家镇出土的画像砖，或题材少见或构图独特，如米仓、屠猪、胡人相扑等，其整体用阴线刻或阳线刻的技法亦不多见。成都羊子山一号汉墓画像石为一组全长达11米的车骑仪仗出行图，其画面车马人物众多，出行场面浩大，在我国汉画像石同类题材中堪称经典之作。

　　汉代画像石棺是巴蜀地区极具地域特色的葬具之一，馆藏沙坪坝出土画像石棺上雕刻有伏羲、女娲等图像。

（曾繁模）

画像石棺　东汉

Coffin made of carved stone

高 59.5、长 217、宽 60 厘米　重庆沙坪坝出土

收获画像砖 东汉

Tomb brick with moulded design of harvest scene

长48、宽44.1厘米 成都羊子山出土

车马过桥画像砖 东汉

Tomb brick with moulded design of driving carts cross the bridge

长46.8、宽40厘米 成都羊子山出土

讲学画像砖　东汉

Tomb brick with moulded design of giving lectures

长47.3、宽40厘米　成都羊子山出土

宴饮起舞画像砖　东汉

Tomb brick with moulded design of feasting and dancing

长47.8、宽43.2厘米　成都羊子山出土

盐场画像砖　东汉

Tomb brick with moulded design of salt field

长46.5、宽39.8厘米　成都羊子山出土

秘戏画像砖　东汉

Tomb brick with moulded design of scene of sexual intercourse

长47、宽39.8厘米　成都火车站青杠坡出土

甲第画像砖　东汉
Tomb brick with moulded design of big house
长64.5、宽22.4厘米　德阳黄浒镇出土

乞贷画像砖　东汉
Tomb brick with moulded design of scene of asking
for a loan
长41.9、宽26.1厘米　德阳黄浒镇出土

六博画像砖　东汉

Tomb brick with moulded design of *Liu Bo* game sence

长46.8、宽39.8厘米　成都附近出土

米仓画像砖　东汉

Tomb brick with moulded design of rice storehouse

长47.5、宽21.5厘米　重庆九龙坡出土

屠猪画像砖　东汉

Tomb brick with moulded design of scene of slaughtering pigs

长 48、宽 20 厘米　重庆九龙坡出土

胡人相扑画像砖　东汉

Tomb brick with moulded design of wrestling Huns

长 47、宽 21 厘米　重庆九龙坡出土

车马出行画像石　东汉

Stone relif of procession of carts

长1106、宽45厘米　成都羊子山出土

7 [织　　绣]

TEXTILE AND EMBROIDERY

　　刺绣的各种针法早在宋代已基本具备。明清时期刺绣题材多样，作品构思精巧，流派纷呈，苏州的"苏绣"、广东的"粤绣"、四川的"蜀绣"、湖南的"湘绣"为四大名绣。早在唐代，四川成都地区的刺绣已有"蜀绣"之称，故"蜀绣"是"四大名绣"中得名最早者。至明代又吸收了"顾绣"、"苏绣"的长处而自成一格。通常以软缎、绸、彩丝为主要原料，以针法严谨、针脚平齐、色彩明快为特色，施以传统针法百余种，绣出光彩夺目的绣品。元末明玉珍墓出土的赤黄缎绣龙袍，胸、背各绣一"衮龙"图案，用针工整，丝理清晰，绣面平齐，片线光亮。明代秦良玉的黄绸平金绣龙凤衫及蓝缎平金绣龙袍，采用了数种传统蜀绣针法，如平金绣、盘金绣、钉针、滚针、套针等，用细致的针线刻画出龙凤在云中飞舞的形象，生动鲜活。清代《前出师表》绣屏，黑底白字，古朴厚重，文字刚劲有力，绣品有毛笔书写之笔锋，针脚平齐如刀切一般。

　　织绣品中有一种在工艺上别具一格的缂丝，又称为"刻丝"、"割丝"等，其特点是"通经断纬"，当空照视时缂出的纹饰有如刻镂而成，最适合表现写生风格的图案及仿制各种书画作品。缂丝工艺兴盛于唐宋，至清代又揉合刻、绘、绣等技法，极大地加强了织物的装饰效果。缂丝花蝶图轴及花鸟图轴，图案布局合理，花纹生动，色彩淡雅，晕色自如，细处略加笔绘，是乾隆时期的代表作。

　　荷包、香袋、扇插、钱袋是织绣中的小件物品。如青缎平金绣桃寿图荷包、打籽什锦香袋等，图案雅致，色彩绚丽，针法精湛，是不可多得的织绣珍品。

（李　玲）

明玉珍赤黄缎绣龙袍　元末
Red and yellow embroidered satin
dragon robe of Ming Yuzhen
衣长 132、袖长 115 厘米　江北织布厂明玉
珍墓出土

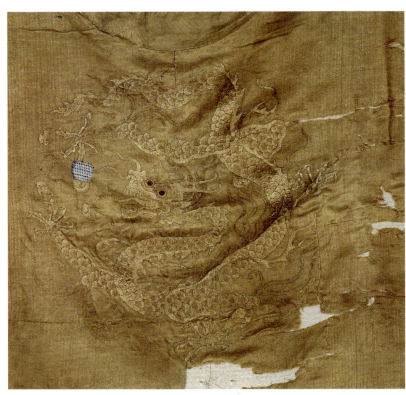

秦良玉黄绸平金绣龙凤衫　明末
Qin Liangyu's yellow silk blouse embroidered with gold dragon and phoenix
衣长112、袖长96.5厘米　1952年石柱文化馆调拨

秦良玉蓝缎平金绣龙袍　明末
Qin Liangyu's blue satin gown embroidered with gold dragons
衣长171、袖长96.5厘米　1952年石柱文化馆调拨

缂丝花蝶图 轴 清
Silk tapestry with flower and
butterfly
长 85、宽 37 厘米 1958 年汪云
松捐献

缂丝花鸟图 轴 清
Silk tapestry with flower and
bird
长 101、宽 63 厘米 1951 年王
治易捐献

前出師表

臣亮言先帝創業未半而中道崩殂今天下三分益州疲敝此誠危急存亡之秋也然侍衛之臣不懈於內忠志之士忘身於外者蓋追先帝之殊遇欲報之於陛下也誠宜開張聖聽以光先帝遺德恢弘志士之氣不宜妄自菲薄引喻失義以塞忠諫之路也宮中府中俱為一體陟罰臧否不宜異同若有作姦犯科及為忠善者宜付有司論其刑賞以昭陛下平明之治不宜偏私使內外異法也侍中侍郎郭攸之費禕董允等此皆良實志慮忠純是以先帝簡拔以遺陛下愚以為宮中之事事無大小悉以咨之然後施行必能裨補闕漏有所廣益將軍向寵性行淑均曉暢軍事試用於昔日先帝稱之曰能是以眾議舉寵為督愚以為營中之事悉以咨之必能使行陣和睦優劣得所親賢臣遠小人此先漢所以興隆也親小人遠賢臣此後漢所以傾頹也先帝在時每與臣論此事未嘗不歎息痛恨於桓靈也侍中尚書長史參軍此悉貞良死節之臣願陛下親之信之則漢室之隆可計日而待也臣本布衣躬耕於南陽苟全性命於亂世不求聞達於諸侯先帝不以臣卑鄙猥自枉屈三顧臣於草廬之中諮臣以當世之事由是感激遂許先帝以驅馳後值傾覆受任於敗軍之際奉命於危難之間爾來二十有一年矣先帝知臣謹慎故臨崩寄臣以大事也受命以來夙夜憂歎恐託付不效以傷先帝之明故五月渡瀘深入不毛今南方已定兵甲已足

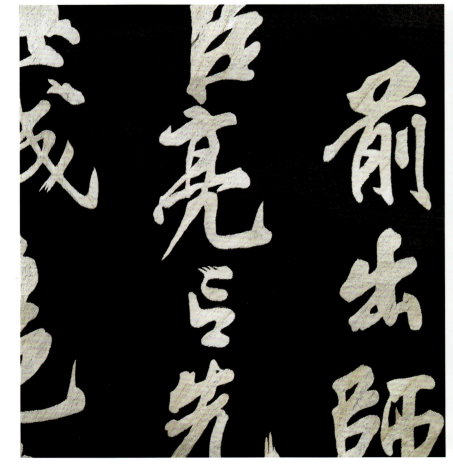

前出師

當獎帥三軍北定中原庶竭駑鈍攘除姦凶興復漢室還於舊都此臣所以報先帝而忠陛下之職分也至於斟酌損益進盡忠言則攸之禕允之任也願陛下託臣以討賊興復之效不效則治臣之罪以告先帝之靈若無興德之言則責攸之禕允等之慢以彰其咎陛下亦宜自謀以諮諏善道察納雅言深追先帝遺詔臣不勝受恩感激今當遠離臨表涕泣不知所云

岳飛

《前出师表》绣屏　清
Embroidered screen of calligraphy *Qian Chu Shi Biao*
长 193、宽 43 厘米　1953 年西南文教部拨交

马蹄袖蓝纱绣龙单衣　清
Blue gauze blouse with horse hoop-shaped sleeves
and embroidered dragon
衣长 139、袖长 90 厘米　1953 年西南公安部拨交

红底缂丝吉祥如意图荷包　清
Small bag of red silk tapestry with characters "吉祥如意" (auspicious and satisfaction)
长径 11 厘米　1957 年故宫博物院调拨

青缎平金绣桃寿图荷包　清
Small bag of green satin with silk patches and narcissus motif
长径12厘米　1957年故宫博物院调拨

黄色打籽什锦香袋 清
Yellow brocade scent bag
直径约5.1厘米　1957年故宫博物院调拨

天蓝缎绣人物图　清
Embroidered figures on shamrock satin
长 182、宽 48 厘米　1953 年西南公安部拨交

黄缎钉绫片福寿图扇插、钱袋　清
Yellow satin fan and money bag with silk patches and characters "福" and "寿"
扇插长 31、钱袋长 35 厘米　1957 年故宫博物院调拨

8 [玉、竹、木、牙、玻璃器]

JADE, BAMBOO, WOOD, IVORY, GLASS ITEM

　　玉器的使用开始于七、八千年前的新石器时代早期，在漫长的历史过程中，玉被广泛应用于祭祀、礼仪、丧葬、装饰等领域。

　　竹雕历史悠久，但发展成为一种专门艺术则是在明代中期以后。其始仅为少数文化水准较高的艺术家致力于此。由于文人雅士非常喜爱竹雕制品，雕刻名家辈出。从雕刻技法和风格来看，可分为"嘉定派"和"金陵派"。作品生动而古朴，给人以自然天成的美感。

　　象牙雕刻艺术在明清时代进入繁荣与成熟期，形成了"广东牙雕"、"江南牙雕"和"宫廷牙雕"三大流派。我馆收藏的象牙雕套球是广东牙雕镂空透雕技法的杰出代表，球体表面刻浮雕花纹，球内有大小数层空心球，层层相套。

　　我国古代称玻璃为璧琉璃、琉璃、颇黎，近世亦称作料。玻璃器的制作迄今已有三千多年的历史，早期多为铅钡玻璃，随着中西文化的交流，器物品种、纹饰图案、原料配方等都有了新的突破，并逐步形成独特的民族风格。

（赵 芸）

玉璧　战国
Jade *Bi*
直径16.5厘米　涪陵小田溪巴人墓群出土

双龙形玉佩　战国

Jade *Pei* in twin dragon shape

长8、宽4厘米　涪陵小田溪巴人墓群出土

龙形玉佩　战国

Dragon-shaped Jade *Pei*

长16.2、宽约10厘米　涪陵小田溪巴人墓群出土

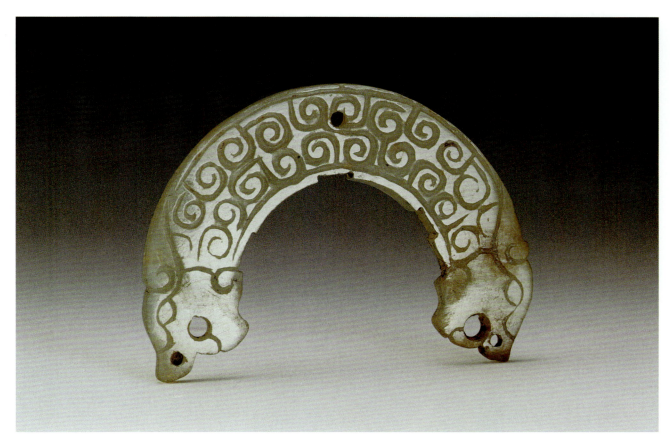

双龙形玉璜　战国

Jade *Huang* in twin dragon shape

长 7.6、宽 3.1 厘米　涪陵小田溪巴人墓群出土

双龙形玉璜　战国

Jade *Huang* in twin dragon shape

长 4.9、宽 3.5 厘米　涪陵小田溪巴人墓群出土

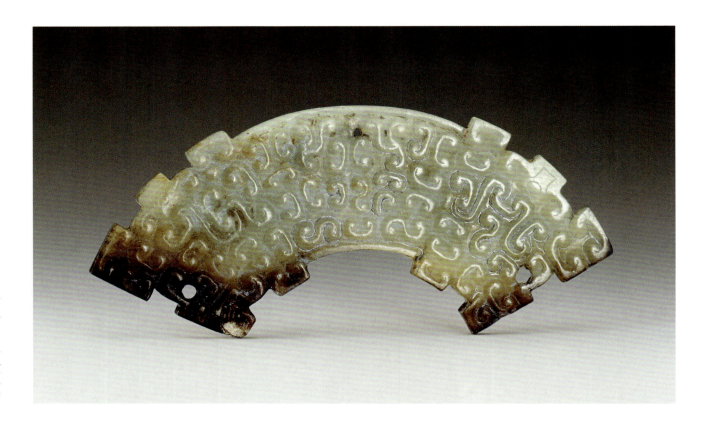

鸟纹玉璜　战国
Jade *Huang* with bird design
长 8.6、宽 3.8 厘米　涪陵小田溪巴人墓群出土

玉觽　战国
Jade *Xi*
长 10.6 厘米　涪陵小田溪巴人墓群出土

双耳玉杯　清

Jade cup with double handles

口径7.3、高4.3厘米　1956年重庆市文化局拨交

玉雕水盂　清

Jade caved water container

口径12.7、高4.4厘米　1956年卫韦铧捐献

玛瑙扁杯　清
Agate flat cup
直径12、高5.8厘米　1953年西
南公安部拨交

玛瑙香炉　清
Agate incense burner
直径4、高8.7厘米　1956年重
庆市文化局拨交

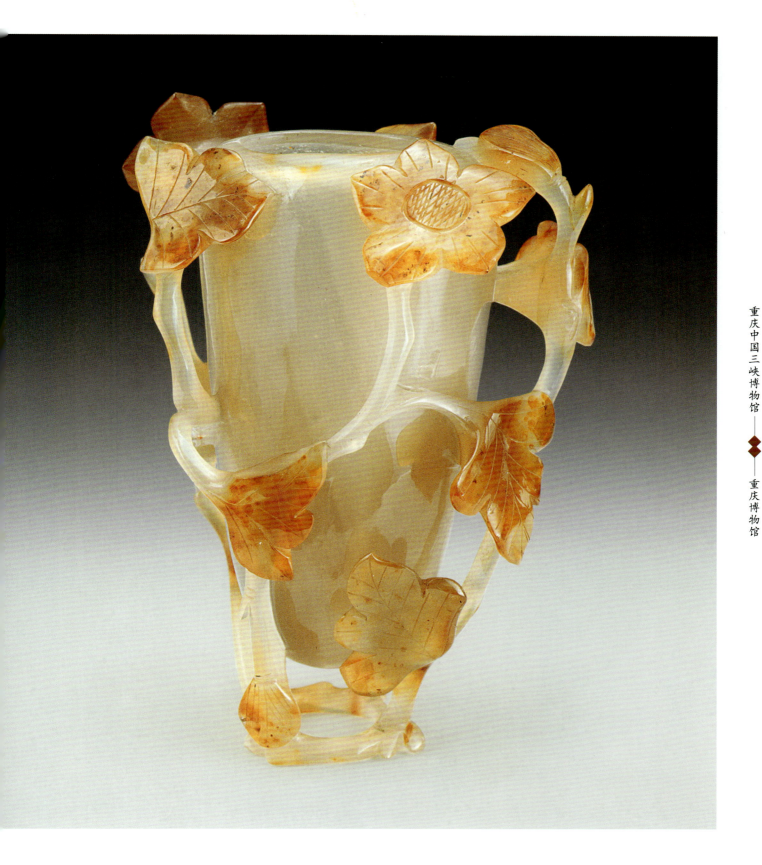

玛瑙雕花瓶　清

Agate carved vase

直径3.1、高11.4厘米　1955年西南文化局拨交

竹雕渔船　明
Bamboo carved fishing boat
长 36 厘米　1952 年征集

木雕牧童骑牛　清

Woodcarving cowboy sitting on the back of cattle

高16.3厘米　1951年卫聚贤捐献

雕漆盘　清
Carved lacquer dish
直径 26 厘米　1951 年征集

牙雕球　清
Ivory carved ball
通高 34.3 厘米　1954 年川东人民政府拨交

牙雕寿星　清
Ivory carved figure of a person of longevity
高 48 厘米　1954 年云南人民政府拨交

牙雕八仙　清
Ivory carved figures of the Eight Immortal in the leg-
end
高约 12.5 厘米　1956 年重庆市文化局拨交

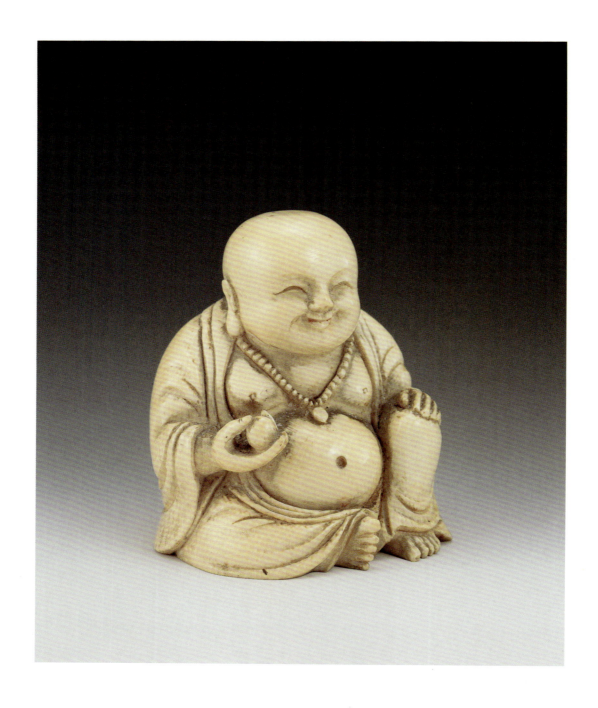

牙雕罗汉　清
Ivory carved Arhat
高7.3厘米　1953年西南公安部拨交

牙雕白菜　清
Ivory carved cabbage
长 23 厘米　1955 年重庆市文化局拨交

玻璃璧　战国
Glass *Bi*
直径12厘米　1951年西南文教部拨交

彩色玻璃珠　战国

Colorful glass beads

直径 0.65～0.75 厘米　开县余家坝遗址出土

9 [藏传佛教文物]

CULTURAL RELICS OF TIBETAN BUDDHISM

　　藏传佛教创始于公元七世纪的松赞干布时代。其造像艺术主要是铜、木、泥、石及酥油花造像，造像的内容有佛像、菩萨、度母、佛母、护法、金刚、罗汉、祖师、人物。菩萨造像在藏传佛教艺术中占很大的比例，观音和文殊菩萨的数量最多。八大菩萨（文殊、弥勒、观音、普贤、大势至、虚空藏、地藏、除盖障）也是藏传佛教寺院中常见的造像。金刚造像主要是藏传佛教密宗修行中的本尊或护法神造像。密宗有许多本尊造像，常见的有大威德金刚、马头金刚、密集金刚、胜乐金刚、欢喜金刚、金刚手等，一般是以忿怒、威严的形象出现，具有威慑邪恶的力量。

　　藏传佛教艺术中的唐卡，是用彩缎织物装裱成的卷轴画，源于印度说书、讲故事时悬挂图像的做法，以佛教诸尊为主要题材，兴起于公元八世纪。一幅唐卡的绘制过程本身就是一次积累善业功德和对佛法崇拜的行为，要根据活佛所卦出的内容请画师绘制，画师在绘制过程中也要严格按照仪轨要求进行。如果画的是密宗本尊或护法神，还要根据所画的本尊或护法神进行入密仪式、观修等。任何佛像都有相应的造像尺度，如不按尺度就不能成其为佛像，也不能开光。绘制完后要请高僧活佛用各种彩缎进行装裱，然后送寺庙请众僧颂经进行开光仪式，使本尊或佛、菩萨附于画上，唐卡才有灵气。唐卡有笔绘、版印、缂丝、刺绣、织锦、贴花六种。

（胡昌健）

鎏金金刚萨埵　明

Gilded-gold Vajrasattva

高 18.7 厘米　1952 年拉萨征集

金刚萨埵即金刚持，是第六个金刚持尊者（本尊），密教祖师之一，藏传佛教中的菩萨形象。头戴珠宝冠，胸前佩戴项链和胸饰。身姿为三折枝（tribhanga）式，结跏趺坐，右手于胸前托举金刚杵，左手在胯部握金刚铃。永乐六年（1408 年）、十一年（1413 年）明成祖先后赐予西藏五世噶玛巴得协银巴及"大乘法王"贡噶扎西佛像等物。此像莲花座有"大明永乐年施"刻字，当是此间某次之赐物。

鎏金密集金刚　明

Gilded-gold Guhyasamaja

高 18 厘米　1953 年成都征集

密集金刚，宗喀巴的守护神和格鲁派三大本尊之一。

释迦牟尼唐卡　晚清
Thangka of Buddha Shakyamuni
长 64、宽 50 厘米　1951 年成都征集

吉祥天母唐卡　晚清

Thangka of Palden Lhamo

长 71、宽 48 厘米　1951 年成都征集

吉祥天母，藏语称"班旦拉莫"，为藏传佛教密宗中妙音天女化现忿怒形象的一尊女护法神。

绿度母唐卡　晚清
Thangka of green Tara
长 62、宽 40 厘米　1951 年成都征集
相传度母是观音菩萨化现的救苦救难的菩萨，共有二十一相，被称为二十一度母。绿度
母是观音菩萨慈悲眼泪的化身，在藏传佛教中被认为是最早的也是最重要的度母。

白度母唐卡　晚清
Thangka of white Tara
长 60、宽 42 厘米　1952 年拉萨征集
白度母因身色洁白而得名，象征能观照一切众生。

曼荼罗唐卡　晚清

Thangka of Mandala

长 46、宽 34 厘米　1951 年成都征集

曼荼罗中央为释迦佛，左上角为文殊菩萨，文殊下为宗喀巴祖师，右上角为西方无量寿佛，释迦左右为大威德金刚。

地藏菩萨唐卡　晚清
Thangka of kusizigalubuha
长 30、宽 23 厘米　1951 年成都征集
藏传佛教八大菩萨之一。

鎏金宗喀巴像　晚清
Gilded gold figure of Tsong khapa
高 13.8 厘米　1952 年拉萨征集
宗喀巴（1357～1419年），青海湟中人，藏传佛教格鲁派创
立者。藏语称湟中（今塔尔寺所在地一带）为"宗喀"，故
被尊称为宗喀巴。

右旋白海螺　晚清

Dung dkar

长 25 厘米　1950 年卫聚贤捐献

海螺，藏语称"东嘎"，又称法螺贝。佛教中以释尊说法声闻四方，如海螺之音，故法会时常吹法螺。《大日经》："汝自于今日，转于救世轮，其音普周遍，吹无法法螺"。以右旋白海螺最受尊崇。

嘎巴拉碗　晚清
Kapala skull cup
口径19厘米　1950年卫聚贤捐献
灌顶仪式法器，人头盖骨制，多从高僧遗体取下制成。此嘎巴拉碗曾以银粉涂抹。

10 [其 他]
OTHER ARTIFACT

　　大溪文化的石器及蚌珠、佛像和摇钱树座、"俥"字象棋子等，均是在配合三峡工程进行的考古发掘中出土的．其中"俥"字象棋子是我国目前发现的最早的象棋实物，佛像和摇钱树座是早期佛教传入中国的重要证据。

　　西汉时期的朔宁王太后玺和偏将军印章是存世的两枚十分重要的金印。20世纪80年代出土于江北明玉珍墓的金碗是元末明初大夏政权创立者明玉珍的重要随葬品。出土于长寿火神街的雉鸟桃花寿字银盘和莲鹤纹桃形银盘等一批银器，据研究与明代晚期的兵部尚书陈新甲的故宅有关，体现了明代金银器的工艺水准。

　　小研山端砚利用材质的特点，雕制出群峰万壑之势，背刻元代赵孟頫"赋张秘泉藏砚山诗"，整个砚台雕刻精细，制作精美，堪称端砚的上乘之作。

　　鼻烟壶是盛装鼻烟的小型容器。吸闻鼻烟大约在明代晚期传到中国，至清代开始在全国流行，鼻烟壶的制作也在此时发展起来。鼻烟壶虽是小物，但作为一种观赏性的袖珍工艺品，其造型变化多端。

（赵福泉）

石铲　新石器时代

Stone spade

长22.5厘米　奉节老官庙出土

石器　新石器时代
Stone tools
长6.5～10.5厘米　巫山大溪遗址出土

石龟　新石器时代
Stone tortoise
长6.1、宽2.1厘米　巫山人民医院出土

石人　新石器时代
Stone figurine of a person
高 6.8 厘米　巫山人民医院出土

蚌珠　新石器时代

Clam bead

巫山大溪遗址出土

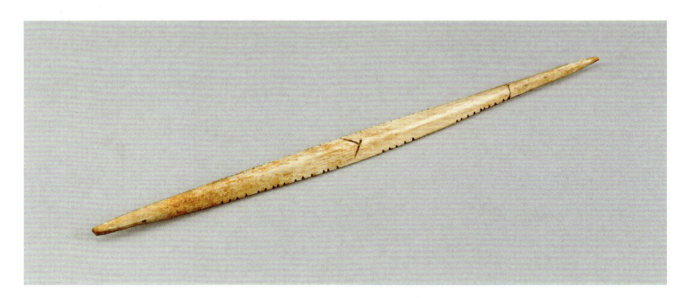

骨匕　新石器时代
Bone dagger
上：长 32.8 厘米　中：长 24.1 厘米　巫山大溪遗址出土

骨针　新石器时代
Bone needle
长 17.5 厘米　巫山大溪遗址出土

骨铲　新石器时代
Bone spade
长 27 厘米　巫山大溪遗址出土

鎏金铜棺饰　汉

Gilded-gold bronze coffin adornment

直径28.4厘米　巫山出土

延光四年铜佛像和摇钱树座　东汉
Bronze figure of Buddha and base of money tree
石座：长14.4、宽14.4、高7.8厘米　佛像：高8.5厘米　丰
都槽房沟出土

重庆中国三峡博物馆——重庆博物馆

206

金朔宁王太后玺　东汉

Gold seal of *Suo Ning Wang Tai Hou*

长2.4、宽2.4厘米　陕西宁羌阳平关出土

金偏将军印章　东汉

Gold seal of *Pian Jiang Jun*

长2.4、宽2.4厘米　嘉陵江边出土，刘定全捐献

金腰带　宋

Golden belt

通长101.5厘米　南川出土

明玉珍金碗　元末
Golden bowl of Ming Yuzhen
口径8、高2.2厘米　江北织布厂明玉珍墓出土

鎏金铜鼎　明
Gilded-gold bronze *Ding*
直径11.7、高14.6厘米　长寿火神街出土

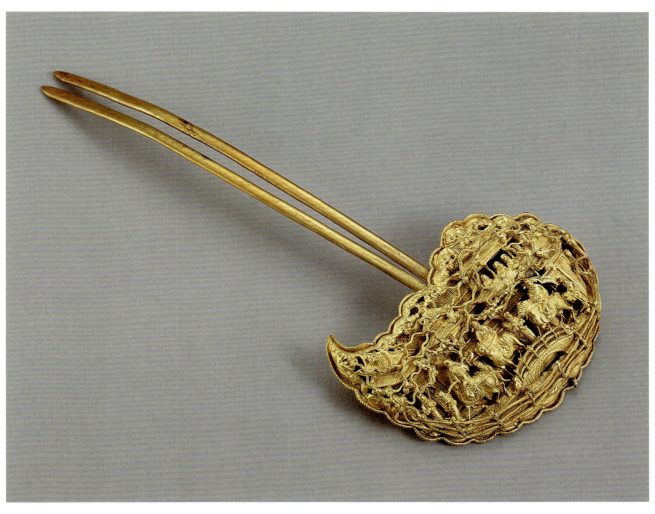

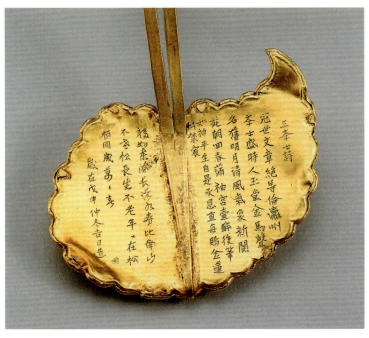

云头金钗　明
Golden hairpin in cloud design
长 16.4 厘米　江北大竹林砖瓦厂出土

雉鸟桃花寿字银盘　明

Silver dish with pheasant, peach blossom and character＂寿＂

长12.5、宽12.2厘米　长寿火神街出土

莲鹤纹桃形银盘　明

Peach-shaped dish with lotus flower and crane decorations

长径12.2厘米　长寿火神街出土

八骏银碗　明
Silver bowl with Eight Horse design
口径7.3厘米　长寿火神街出土

乾隆款双猫卷席雕澄泥砚　清

Inkstone of fine clay body in the shape of twin cats winding up the mat

长11.8、宽7.6、高4.1厘米　1982年李初梨捐献

小研山端砚　清

Duan inkstone of *Xiaoyanshan*

长 28.8、宽 16.9 厘米　1951 年申彦丞捐献

黄甲连登荷叶形端砚　清

Duan inkston in the shape of lotus leaf

长径42.6厘米　1953年汪云松捐献

卢栋制漆砂鼻烟瓶　清
Snuffbottle made by Lu Dong
高5.7厘米

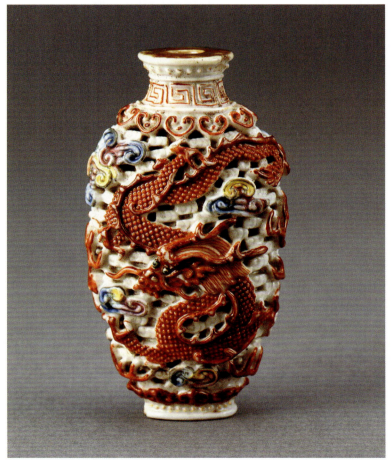

雕瓷鼻烟瓶　清
Carved porcelain snuffbottle
高7厘米　1951年申彦丞捐献

木雕鼻烟瓶　清

Woodcarving snuffbottle

直径5.5厘米　1958年汪云松捐献

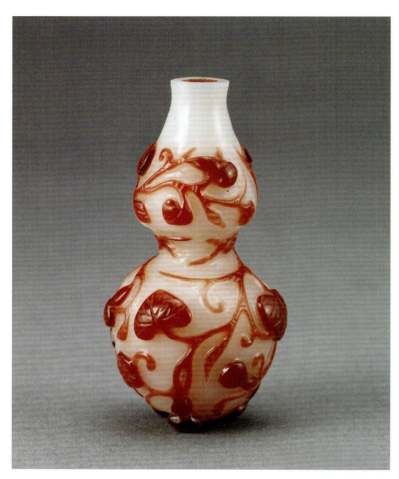

宝料鼻烟瓶　清
Coloured glaze snuffbottle
高6.8厘米　1951年卫聚贤捐献

瓷料鼻烟瓶　清
Porcelain snuffbottle
高7厘米　1951年卫聚贤捐献

玻璃内画鼻烟瓶　清
Glass snuffbottle with drawings
on the inner wall
高 7.5 厘米　1958 年汪云松捐献

彩色套料鼻烟瓶　清
Colorfully painted snuffbottle
高 8 厘米　1958 年汪云松捐献

11 [近现代文物]

CULTURAL RELICS FROM MODERN CHINA

　　重庆在中国近现代史上占有重要地位。通过近半个多世纪的征集和收藏，目前我馆收藏的近现代文物及相关资料已有一万五千余件，在四川及重庆近代开埠以来的重庆教案、海关、天主教在重庆的传播过程、太平天国、义和团、蜀中同盟会、中共中央南方局暨八路军重庆办事处、抗战正面战场、川东地下党、银行、票号等方面，都有实物收藏。

（朱　俊）

札

"大足教案"中清政府兜拿余栋成公文
Document of Qing court to catch Yu Dongcheng who involved in Dazhu Missionary Case
长126、宽33厘米

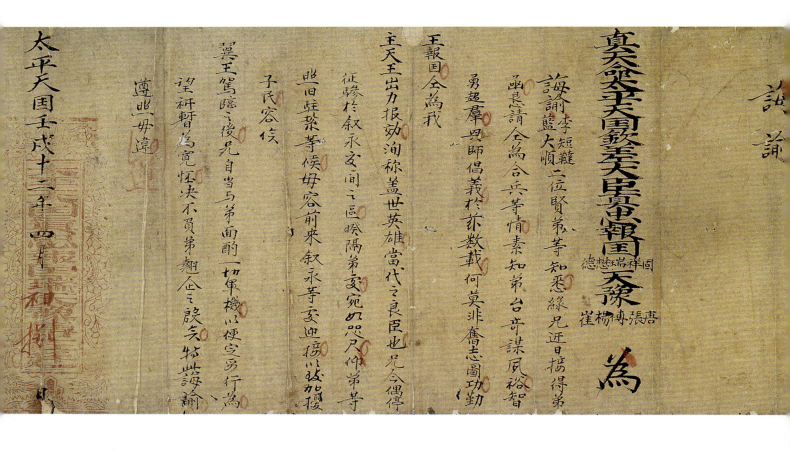

石达开部将傅廷佑致李永和、蓝大顺《诲谕》

The instruction *Hui Yu* to Li Yonghe and Lan Dashun by Fu Tingyou, the subordinate general of Shi Dakai

长65、宽27.1厘米

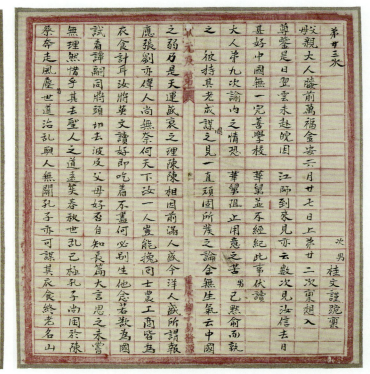

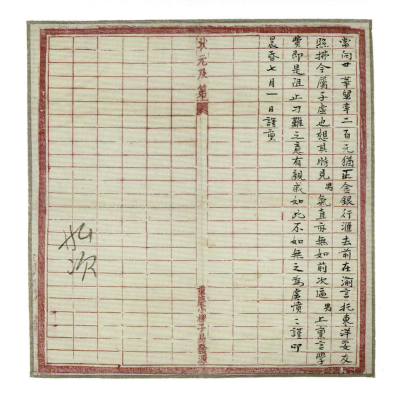

邹容烈士写给父母的信

Martyr Zou Rong's letter to his parents

长22、宽23厘米　1975年邹传生捐献

蜀中同盟会会章

Constitution of the Revolutionary Alliance of Sicuan

直径5.7厘米

蜀軍政府討滿虜檄文

蓋聞誅滅暴秦發難首推陳涉剪除新室復漢允屬劉崇戡定不遑斬蛇光啓遠殊反象而金甌未缺鐵騎
敢馳斬木為郡樹倡飛檄使豪傑篤除腥穢丕變光華功克底於成首謀尤屬蔓延敷世始則為患篆古繼則寇我邊陲
艾斁父子瀆倫昆李同室文化之所不及王會之所未圖潛伏一隅蔓延敷世古繼則寇我邊陲為婦人楚
值有明不綱流寇逞兇驅犬羊之部落製熊虎之師徒致使禍起蕭墻變生宮掖儀行父之告難隱為婦人楚
莊王之乘危恨無巾幗泰白起遷其愍恣人民塗炭祖屋邱墟四表已極芟夷八旗尤籌挾坂駁省外重鎮設以駐
紅魏孝武無此兇殘泰白起遷其愍恣人民塗炭祖屋邱墟四表已極芟夷八旗尤籌挾坂駁省外重鎮設以駐
防京內大權攬為貝勒賦稅未為末減權算時暗苛加吸萬民之脂膏娛九閽之耳目木蘭獨殿海淀行宮徒
役輒千萬人麋費以億兆計專制政猛種族界嚴貴賤不適漢人式婚反為盛典賓入關璽酪租稅延及子孫
改率土冠裳耕織永為奴隸數傳肆虐萬里開邊拓回準之版圖麋藏衛使朝貢華人權鋒尚賊潘鑄鼎銘南
至安南東抵高麗台灣受封薄海僑頌仁風中土借亡怨日肘掖虜科舉虜麼才智律以窮經官
更不為讚法藏例有罪誤犯行誅文字而戮延十族詢滿有衆與漢何仇言念痛心道途側
且咸同遞嬗天啓洪楊復牛壁之河山振五洲之聲譽外人已認獨立同類乃恣屠攻良由等級誤人智識未
達妖芒復焰曩日重沉李藍雖欲螂臂當車將弁仍為虎倀生靈厭制愈重蹂躪復兩……詢之加征不除養兵

之推額逾廣徒供冗開以養冗開內政仍踏昏庸外交又為失敗海島割讓華界永租輸光怪與陸離轉富強
為微弱凡屬製造莫肯提倡船械長購西歐礦賃任埋東壤諒山失律平壤喪師棄我台澎人人界綫神胃逐
淪異國公使不保華僑虐待工人飛騰報紙仍安泄沓中外既久交通民人始稍發達欲逃苛虐就
學東西輸入文明始識權限終種種之腐敗欲一一為更張撲諸地球例為天演無如滿奴賊很熱墮事權倚
任仍屬宗親誅戮并及君子人神共憤愚賤同仇奮勇自京畿聯軍壽其巢穴賊滿逃命延喙西雍翼土麋
有子遺滿奴實為戎首自修路苟保全滿實受福賤種澤貝子漢蠹盛宣懷因路投資雖藉口以通
儀無形之滅國共圖爭挽願自修路苟保全滿人任人原係酋權總辦究為國委縮始之千餘萬款不認
荀草約原無變巫劃界易為荊漢路歸國有權喪蜀人任人原係酋權總辦究為國委縮始之千餘萬款不認
償還開修之四百萬金始允付給查各行省無此苛條人既全還我祗累給全蜀慎議求代奏聞未敢顯言索
金祗求自願修路與慳不恤疆臣肆欺惟日飾以甘言思冰澳乎遠慮乃派代表惶邊入京劻勸樞門幽囚蹴
押鐵路既無挽救股東思更補苴啓闔公司詢謀大衆奴隸之奴隸趙爾豐思媚權妖突逞屠毒傳羅鄧以入
署捕顏蒲而共藕借口九人分因各室謂為同志罪以煽民示諭遍貼通衢首領就擒督署衆悼喪路共捧紙
牌上錄載涽跪哀賊督賊臣卅且立命開鎗兩轅之血肉橫飛四街之尸骸委藉縣諭四境命保都城乃遠近

蜀军政府讨满虏檄文（节选）
Tao Man Lu Xi Wen（An official denunciation to the enemy Manchus）by military government of Sicuan
长26.5、宽18厘米

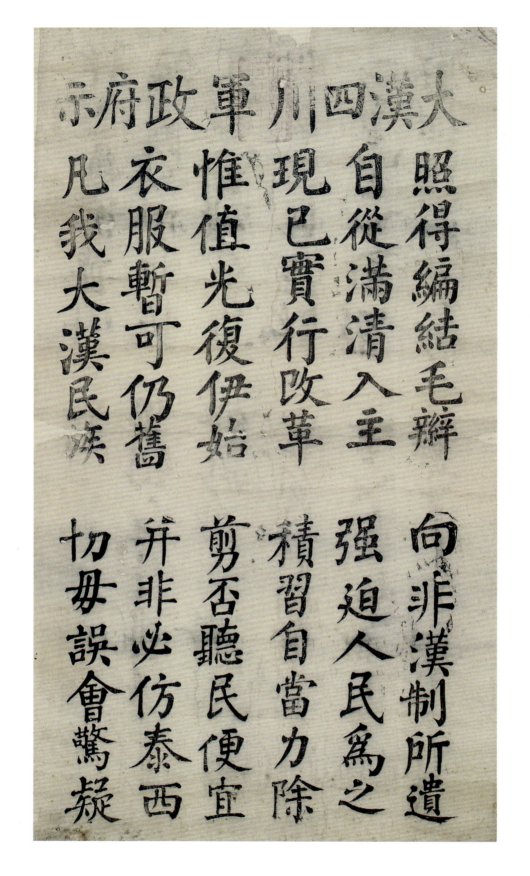

大漢四川軍政府示

照得編結毛辮，向非漢制所遺，自從滿清入主，強迫人民為之。現已實行改革，積習自當力除。惟值光復伊始，剪否聽民便宜。衣服暫可仍舊，并非必仿泰西。凡我大漢民族，切毋誤會驚疑。

辛亥革命后四川军政府取缔编结发辫的告示

The announcement claiming a ban on pigtail by military government of Sicuan after the 1911 Revolution

长 102.3、宽 58.2 厘米

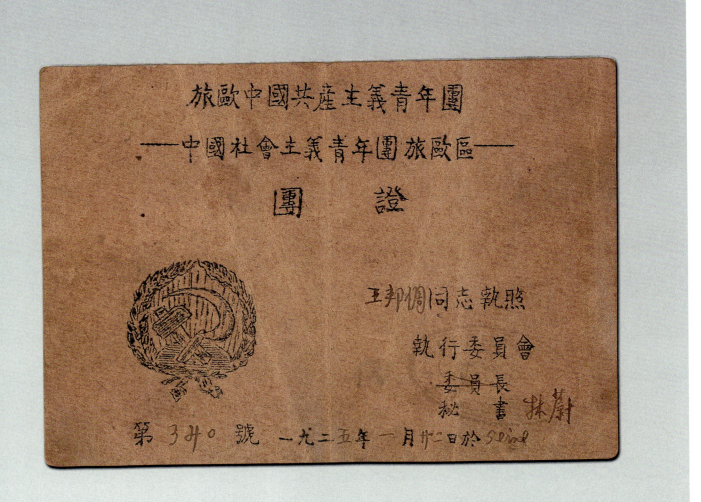

中国社会主义青年团旅欧支部团证
Certificate of the European Branch of Chinese Socialist Youth League
长 11.7、宽 8 厘米　1985 年王宝柱捐献

摄　　影　刘小放
装帧设计　李　红
英文翻译　黄义军
责任印制　陈　杰
责任编辑　张征雁
　　　　　王　伟

图书在版编目(CIP)数据

重庆中国三峡博物馆·重庆博物馆／重庆中国三峡博物馆·
重庆博物馆编．—北京：文物出版社，2005
ISBN 7-5010-1753-0
Ⅰ．重……　Ⅱ．重……　Ⅲ文物－重庆市－图录
Ⅳ．K872.719.2
中国版本图书馆CIP数据核字（2005）第035689号

重庆中国三峡博物馆·重庆博物馆

重庆中国三峡博物馆·重庆博物馆　编

文物出版社出版发行
（北京五四大街29号　邮政编码100009）
http:// www.wenwu.com
E-mail:web@wenwu.com
2005年6月第一版　2005年6月第一次印刷
北京燕泰美术制版印刷有限公司印刷
889 × 1194　1/16　印张15
新华书店经销
ISBN7-5010-1753-0/K·923
定价：320.00元